STÉPHANE HESSEL
ENGAGIERT EUCH!

Das Buch

Der französische Widerstandskämpfer und Erfolgsautor Stéphane Hessel meldet sich erneut zu Wort: Nach *Empört Euch!* folgt sein Aufruf zum Engagement für eine bessere Welt. Im Gespräch mit dem jungen Journalisten Gilles Vanderpooten vertieft der ehemalige Diplomat seine Vorstellung von einem engagierten Leben. Eine komplexer gewordene Welt, so Hessel, erfordert komplexe Strategien. Widerstand darf aber nicht nur im Kopf passieren. Wir müssen handeln, und zwar mit den Mitteln der Demokratie. Dazu gehören die Beteiligung an Protesten, internationale Zusammenarbeit sowie persönliches Engagement im Kleinen. Aber vor allem brauchen wir eines: den Glauben daran, dass unser bürgerliches Engagement die Welt verändern kann.

Der Autor

Stéphane Hessel, geboren 1917 in Berlin, ist seit 1937 französischer Staatsbürger. Ab 1945 vertrat er Frankreich bei den Vereinten Nationen in New York, 1948 als Mitunterzeichner der UN-Charta der Menschenrechte. Im Auftrag der UNO und des französischen Außenministeriums war er als Diplomat tätig.

Der Übersetzer

Michael Kogon ist Nationalökonom, Übersetzer, Autor und Mitherausgeber der gesammelten Schriften seines Vaters, des Publizisten Eugen Kogon, der Stéphane Hessel im KZ Buchenwald das Leben rettete, indem er ihm zu einer neuen Identität verhalf.

STÉPHANE HESSEL

im Gespräch mit Gilles Vanderpooten

ENGAGIERT EUCH!

Aus dem Französischen
von Michael Kogon

Ullstein

Inhalt

Widerstand heute

Gilles Vanderpooten: Eine Ihrer Botschaften an die Jugend von heute lautet: »Setzt euch zur Wehr«[1], wie Sie es selber getan haben. Sie sagen: »Es braucht nur eine geschlossene, aktive Minderheit engagierter junger Menschen, und unser Land wird ein Land des Widerstandes sein.« Wie kann man den Geist der Résistance von 1941 bis 45 auf heute übertragen? Und wofür und wogegen genau soll man sich engagieren?

Stéphane Hessel: Die Résistance war historisch einmalig, nicht wiederholbar: ein besetztes Land, Menschen, die sich gegen Unerträgliches auflehnten.

Und heute? Unerträgliches auch jetzt, und wir sollten es halten wie damals, als wir die deutsche Besetzung, Auschwitz, den Nationalsozialismus, den Antisemitismus nicht hinnehmen wollten – mit der Vision, unser Land werde, sobald es befreit wäre, die Werte aus dem Programm des Nationalen Widerstandsrates für die Zukunft festschreiben.

G. V.: Das Programm des Nationalen Widerstandsrates forderte ganz konkrete Maßnahmen wie »die Rückgabe der gemeinsam erarbeiteten und dann monopolisierten großen Produktionsmittel, der Energiequellen, der Bodenschätze, der Versicherungsgesellschaften und der Großbanken an die Nation«. Halten Sie das auch heute noch für aktuell?

S. H.: Selbstverständlich hat sich seither vieles geändert. Die Problematik ist eine andere, und damit auch die Relevanz unseres damaligen Programms. Da würde blinder Übernahmeeifer nur schaden. Die Werte aber, denen wir damals verpflichtet waren, sind die gleichen geblieben und gleich verbindlich: die Werte unserer Republik und der Demokratie. Alle Regierungen seither können daran gemessen werden.

Das Programm des Nationalen Widerstandsrates verkörperte eine Vision, die nichts von ihrer Aktualität eingebüßt hat: ein entschiedenes Nein zum Diktat von Geld und Profit, zum Auseinanderklaffen von extremer Armut und arrogantem Reichtum, zum Wirtschaftsfeudalismus, ein entschiedenes Ja für eine wirklich unabhängige Presse, für umfassende soziale Sicherheit. Vieles von dem, was uns damals wichtig war und auch umgesetzt wurde, wird heute in Frage gestellt, bis zur echten Gefährdung.

Zahlreiche Maßnahmen der letzten Zeit sind für meine Kameraden aus der Résistance – und für uns – ein Schock. Sie lassen sich nicht mit diesen Grundwerten vereinbaren. Wir, und vor allem die Jungen, dürfen das nicht hinnehmen.

Verschließen wir nicht die Augen vor den schreienden Ungerechtigkeiten um uns herum. Lassen wir uns nicht vor Tatsachen stellen, die wir als leider vollendet zu akzeptieren hätten.

G. V.: Zum Beispiel?

S. H.: Für den größten Skandal halte ich die soziale Ungleichheit im Wirtschaftsleben, den Gegensatz von sehr reich und sehr arm in einer Welt, die zusammengewachsen ist. Nicht genug, dass es reiche und arme Länder gibt. Die Kluft zwischen beiden wird immer noch tiefer, vor allem seit etwa zwanzig Jahren, und wirkliche Abhilfe ist nicht in Sicht.

Der Jugend von heute muss das klargemacht werden. Aber gegen diese Art Ungerechtigkeit etwas zu unternehmen ist viel komplexer, als sich gegen eine Besatzungsmacht aufzulehnen. Damals schloss man sich einer Widerstandsgruppe an, ließ einen Eisenbahnzug hochgehen. Das war einfach – relativ. Heute heißt das: nachdenken, publizieren, Politiker wählen, die hoffentlich das Richtige tun werden – kurz, sehr langfristig planen und handeln.

G. V.: Wie sensibilisiert man für den »Skandal der Ungleichheit« die vielen Menschen, die damit nicht unmittelbar in Berührung kommen?

S. H.: Es genügt nicht, sich aufzuregen, wie ungerecht die Welt ist. Ungerechtigkeit ist sehr konkret. Sie lauert an meiner Tür, hier und jetzt.

Ich lebe unter Reichen und Armen. Irgendwann merke ich, dass es diese schlimme Armut gibt und dass ich falsch reagiere, wenn ich auf jemanden treffe, der gerade seine Stelle verloren hat, während seine Firma munter weiter kassiert.

Was wird da von mir gebraucht? Zur Stelle sein mit Worten und Taten, mit Herz und Verstand. Dem Betroffenen Unterstützung gewähren. So kann mich diese Kluft zwischen sehr reich und sehr arm, die meine Empörung geweckt hat, zu konkretem Handeln führen. Für diesen ersten großen Problembereich kann das Wort »Widerstand« also durchaus einen konkreten Sinn haben.

Im Gespräch mit Gymnasiasten und Studenten, die am Beginn ihres Berufsweges stehen, ist meine Botschaft: »Macht euch klar, was euch stört und empört, und dann versucht herauszufinden, was ihr konkret dagegen unternehmen könnt.«

G. V.: Widerstand ist zunächst nur ein Gedankenkonstrukt. Es muss in die Praxis umgesetzt werden, in Aktion. Ist die Jugend von heute da nicht zu konformistisch?

S. H.: Sich zur Wehr zu setzen, sich aufzulehnen darf natürlich nicht beim Nachdenken oder Benennen aufhören, sondern muss in Aktion münden. Da spüre ich allerdings in mir einen gewissen Pessimismus. Die Jugend von heute bleibt gegenüber schlimmen Zuständen, gegen die sie sich auflehnen müsste, eher passiv. Sie kann genau wie ich erkennen, wie skandalös die wirtschaftliche und soziale Ungerechtigkeit ist, die Ausplünderung unserer Erde, die ungehemmte Gewalt in Darfur, in Palästina, vielerorts in Afrika und im Mittleren Osten. Natürlich wird darüber nachgedacht und diskutiert. Aber wie kann das in praktisches Engagement umgemünzt werden?

Immerhin nehmen die Jungen nicht mehr alles hin. Ich erinnere an die Demonstrationen gegen die Rentenreform in Frankreich. Abgesehen von der einen oder anderen Forderung besteht der Eindruck, dass die Jugend kein Gehör findet und dass sie nicht zufrieden ist mit der Art, wie sie regiert wird. Mich beunruhigt der gewaltige Abstand zwischen der Politik und der Jugend in Frankreich.

G. V.: Im Nahostkonflikt sind Sie mit Nachdruck für die Rechte der Palästinenser gegen die Politik der israelischen

Regierung eingetreten. Das ist ein starkes und entschlossenes Engagement, aber es war auch riskant. Ihnen wurde eine Klage wegen »öffentlicher Aufhetzung zur Diskriminierung« angedroht. Bedeuten Stellungnahme und Engagement also zwangsläufig, dass man ein Risiko auf sich nimmt? Hält man manchmal besser den Mund?

S. H.: Nein! Die Freiheit der Meinungsäußerung ist – zumindest hierzulande – ein hohes und unverzichtbares Gut. Sich da zu exponieren zeugt von einem festen Charakter.

G. V.: Wohin man sieht: Gründe, sich aufzuregen, und Leid für viele Menschen. Ich denke an die ungleiche Verteilung von Einkommen, die Verlagerung von Produktionsstätten mit entsprechender Vernichtung von Arbeitsplätzen, die Schwierigkeiten der Jungen, im Arbeitsleben Fuß zu fassen, oder daran, dass immer mehr Stellen gestrichen werden, sogar in Führungspositionen, ich denke an die Sinnentleerung der Arbeit, an Stress als Dauerzustand im Beruf, an riskante und umstrittene Managementmethoden usw. Allgemeiner gefragt: Ist angesichts der offensichtlichen Krise und der überall in der Welt wachsenden Ungleichheiten eine Revolte denkbar oder gar wünschenswert?

S. H.: Meine Generation ist ziemlich allergisch gegen den Gedanken einer Weltrevolution. Nicht zuletzt, weil wir mit ihr geboren wurden. Ich kam 1917 zur Welt, im Jahr der Russischen Revolution, das gehört zu meiner Persönlichkeit. Ich habe die – vielleicht unzutreffende – Überzeugung gewonnen, dass revolutionäre Gewaltakte gegen die bestehende Ordnung keinen geschichtlichen Fortschritt bringen.

Fortschritt ergibt sich, davon bin ich überzeugt, aus der Zusammenarbeit bestehender Kräfte. Ich bin ein bedingungsloser Anhänger der UNO. Meine Generation hat zwei große Leistungen erbracht: die Charta der Vereinten Nationen mit der anschließenden Allgemeinen Erklärung der Menschenrechte und die Befriedung Europas. Dazu die Freigabe der Kolonien. Das sind Errungenschaften, die Bestand haben müssen, auch wenn sie noch keine Handhabe für die Lösung schwierigerer Probleme bieten.

Die Vereinten Nationen haben einiges zuwege gebracht; man muss sie stärken, unterstützen, ihnen mehr Autorität und mehr Geld geben, statt sie weghaben und ersetzen zu wollen. Aber ein Mensch Mitte zwanzig mag sich schon fragen: Sollen wir weitermachen, ausbauen oder ganz neu anfangen?

In allen Gesellschaften existiert eine latente Gewalt, die ungehemmt ausbrechen kann, wie in den Befreiungskämpfen gegen die Kolonialherrschaft. Aufstände, zum Beispiel von Arbeitern, sind nach wie vor denkbar – wenn auch angesichts der heutigen Formen des Wirtschaftens im weltweiten Rahmen recht unwahrscheinlich. Unmenschliche Verhältnisse und Konflikte zwischen Arm und Reich, wie sie Émile Zola in seinem Roman *Germinal* beschrieben hat, gehören doch eher einer vergangenen Zeit an.

Andererseits kann heute selbst eine kleine Gruppe von Radikalen viel Unheil anrichten, da es mehr Mittel der Gewaltausübung gibt. Insofern enthält die Stabilität der Demokratien – aber auch die der Diktaturen – ein Element der Instabilität.

Die Jugend von heute ist gefordert, für die Werte einzustehen, nach denen sich ihr Vertrauen oder Misstrauen gegenüber den Regierenden bemisst. Das ist das Prinzip der Demokratie, durch das wir die Entscheidungsträger beeinflussen können.

Den Unterschied zwischen meiner Generation und der Ihren sehe ich darin, dass mein staatsbürgerliches Gefühl im Wesentlichen noch national orientiert war. Mir ging es um das gute Funktionieren und um den Erhalt meines Landes. Heute steuern wir eher auf ein Weltbürgertum zu, und sei es auch nur, weil immer offensichtlicher wird, dass die Aufgaben, von denen wir hier sprechen, für Einzelstaaten zu groß geworden sind. Selbst die bestmögliche Regierung schafft es nicht mehr allein, sie muss im Verbund agieren.

G. V.: Dazu dann noch, sogar direkt mit der Frage der Ungleichheiten verknüpft: die Umwelt …

S. H.: Die Zerstörung unserer natürlichen Lebensgrundlagen ist die zweite große Herausforderung, überall und jetzt. Das berührt und mobilisiert die Jugend von heute wahrscheinlich am meisten. Wir empfinden es als beunruhigend und beschämend, dass es unserer Erde nicht mehr gutgeht, dass dringend Notwendiges unterlassen wird, dass das Treiben einfach weitergeht. Auch hier lässt sich das Gebot des Widerstandes konkretisieren: als Protest gegen die Umweltzerstörung der großen Ölgesellschaften, gegen den Raubbau an unseren Ressourcen, gegen die Sünder wider das Gebot der Nachhaltigkeit.

G. V.: Halten Sie die Notwendigkeit des Umweltschutzes heute für ebenso einleuchtend und zwingend, wie es für Sie die Résistance war?

S. H.: In der Tat. Die Schutzbedürftigkeit unserer Umwelt ist sehr konkret, jedenfalls im Vergleich zum Kampf für mehr Gerechtigkeit. Das Engagement Ihrer Generation gegen die Verschwendung von Energie und Ressourcen ist eine solche Konkretisierung, wo man bereits etwas tun kann, für sich allein oder im Rahmen von Organisationen, die gegen Fehlentwicklungen – im Individualverkehr, in der Atomwirtschaft usw. – kämpfen. Ob individuell oder kollektiv: Der Kampf hat ein ganz konkretes Ziel.

Von der liberalen zur nachhaltigen Entwicklungspolitik

G. V.: Sie kritisieren entschieden das sehr liberale Entwicklungskonzept nach dem Muster der langjährigen Entwicklungspolitik der Vereinigten Staaten.

S. H.: Vorsicht bei dem Wort »Entwicklung«. Es geht nicht darum, sich den Völkern aufzudrängen, die noch nicht die gleichen Möglichkeiten der Produktion und Nutzung von Ressourcen haben, mit denen die Industrieländer der nördlichen Hemisphäre Wirtschaftsdominanz erlangt haben.

Mit dem Marshall-Plan unter Präsident Truman begann die Tradition, mit technischer Hilfe und dem nötigen Geld bedürftige Regionen mit den Techniken der Industrialisierung vertraut zu machen. Dann würden, so die Theorie, gemäß den von Walt Whitman Rostow definierten »logischen« Wachstumsetappen alle Gesellschaften und Bevölkerungen der Welt dem von Europa, Kanada und den Vereinigten Staaten vorgezeichneten Entwicklungspfad folgen. Man erkannte recht bald, dass das nicht funktionierte – dass es lediglich die Ausbeutung der Ressourcen der so »geförderten« Länder durch die bereits industrialisierten Nationen erleichterte. Nach und nach sah man, dass zum förderungswürdigen Wohlstand eines Volkes nicht nur das Bruttoinlandsprodukt gehört, sondern auch sein Bildungsstand, seine Gesundheit, seine Kultur und seine Identität. Die wichtigste Etappe dieses Lernprozesses war die 1. Pariser LDC-Konferenz der Vereinten Nationen von 1981 (LDC: *least developed countries* – die am wenigsten entwickelten Länder). Alles dies hat der viel zu wenig beachtete pakistanische Nationalökonom Mahbub ul Haq leicht nachvollziehbar beschrieben und in seinem Human Development Index (HDI) anschaulich gemacht.

G. V.: Wie stellen Sie sich eine Entwicklungspolitik vor, die den Empfängerländern wirklich dient?

S. H.: Ich bin mehr und mehr überzeugt, dass die armen Länder echte Fortschritte nur erzielen werden, wenn sie vor den kommerziellen Raubrittern der Weltwirtschaft geschützt werden und wenn sie mehr als bisher unabdingbare Entwicklungsgrundlagen erhalten: Dazu gehören allgemeine Schulbildung, Alphabetisierung, eine bessere Gesundheitsversorgung und bodennahe Produktion, also Landwirtschaft und Eigenversorgung. Mit anderen Worten: echte Fortschritte nur, wenn die Ressourcen der armen Länder nicht im gleichen Maße wie bisher von den bereits reichen Ländern durch subventionierte Importe in großem Stil abgesaugt werden.

Seit 1948 hatte ich mit Aktionen im Rahmen des UNO-Entwicklungsprogramms zu tun. Meine Erfahrung war, dass die Misserfolge die Erfolge überwogen.

Die Menschen in bestimmten Ländern kamen voran, vor allem diejenigen in Lateinamerika, in Südkorea, in Indonesien, die Initiative gezeigt haben. Aber im Wesentlichen waren die vier Jahrzehnte von 1948 bis 1988 verlorene Jahre. Die Entwicklung blieb hinter den Hoffnungen und Erwartungen zurück.

Immerhin hat man daraus gelernt. Seit zwanzig Jahren geht es wirklich voran. Der Kampf gegen die Armut wird effektiver. Andererseits ist die Entwicklungshilfe völlig unzureichend geblieben. 1964 war das Ziel, dass die Geberländer 0,7 Prozent des Bruttoinlandsprodukts dafür zur Verfügung stellen. Heute ist man bei 0,25 Prozent. Ich bin sehr kritisch gegenüber den Industrieländern, die ihre Zusagen nicht eingehalten haben.

G. V.: Wie kann sich hier der Einzelne sinnvoll engagieren?

S. H.: Wirklich wertvoll wäre beispielsweise, wenn junge Menschen Entwicklungsvorhaben gemeinsam mit der Jugend der armen Länder vorantreiben würden. Die Generation Ihrer Eltern erlebte Entwicklungspolitik vor allem als gute Absicht ohne genügend Geld und Strategie. Heute könnte für einen Menschen Mitte zwanzig, der persönliche Kontakte zu Asiaten oder Afrikanern hat, individuelle Hilfe zur Selbsthilfe eine sinnvolle Lebensaufgabe sein.

G. V.: Was halten Sie von dem heute so geläufigen Begriff »nachhaltige Entwicklung«?

S. H.: Entwicklung ist auf die Ressourcen der Natur ange-wiesen. Wenn an ihnen Raubbau betrieben wird, besteht die Gefahr, dass nicht mehr genug für Entwicklung bleibt.

Nachhaltige Entwicklung bedeutet, die Natur nicht für kurzfristige Ergebnisse überzubeanspruchen. Viel-mehr muss man mit ihr umgehen wie ein guter Gärtner, das heißt dafür sorgen, dass Pflanzen wachsen können, oder geeignete Techniken entwickeln, um die Vorausset-zungen für ihr Gedeihen zu schaffen: Energie und Res-sourcen müssen erneuerbar sein.

Das bedeutet keineswegs, weniger zu produzieren, son-dern anders: viel weniger auf Kosten der Natur und mehr für die wahren Bedürfnisse der Menschen. Das ist der Unterschied zwischen exportorientierter und mehr der Ei-genversorgung dienender Landwirtschaft.

G. V.: Eine eigenbedarfsgerechte Landwirtschaft ist ja eines Ihrer großen Themen – siehe Ihr Engagement in der Nicht-regierungsorganisation Agrisud.

S. H.: Die traditionelle Landwirtschaft hat einen nützli-chen Beitrag geleistet, um dem in der Allgemeinen Erklä-rung der Menschenrechte enthaltenen Grundrecht auf Nahrung eine gewisse Geltung zu verschaffen. Dann aber entfaltete die mehrheitlich industrielle und exportorien-tierte Landwirtschaft, die in den letzten Jahren in den Entwicklungsländern überhandnahm, ihre zerstörerische Wirkung. Sie konnte die Unterernährung nicht wirksam vermindern. Außerdem begünstigte sie Agrarimporte aus Industrieländern, die den Handel der ortsansässigen Bau-ern durch Billigkonkurrenz ruinieren. Also muss man sie reformieren.

Zu den Millenniums-Entwicklungszielen der UNO gehört die Halbierung der Zahl der extrem Armen, man kann auch sagen: der Unterernährten, bis zum Jahr 2015. Dieses Ziel ist sehr weit von seiner Verwirklichung entfernt. Immer noch sterben Hunderttausende an Hunger, allen grünen Revolutionen zum Trotz. Diese Revolutionen haben mehr Schaden angerichtet als Nutzen gestiftet, und so besteht heute kein Zweifel mehr, dass Landwirtschaft anders betrieben werden muss. Eine der Lösungen ist die ökologische Landwirtschaft, da sie umweltfreundlich und zugleich ernährungsgerecht ist. Dafür treten wir in *Agrisud* ein: für eine sinnvolle Landwirtschaft, um die auf unserer Erde in einigen Jahrzehnten erwarteten zehn Milliarden Menschen zu ernähren. Ökologische Landwirtschaft ist möglich, wird bereits praktiziert und muss ausgedehnt werden. Die Aufgabe ist gewaltig, und sie erfordert den ganzen Einsatz von Staaten, Institutionen, Unternehmen – und natürlich der Bürger.

G. V.: Ist der Begriff der Entwicklung nicht schon an sich umstritten?

S. H.: Wenn man unter Entwicklung immer mehr Technik, immer mehr Energie versteht – immer noch mehr als das Zuviel von heute –, wird man mit Sicherheit in einer Sackgasse landen.

In der Praxis wünschen wir natürlich bestimmten Ländern mehr Ressourcen für ihre Entwicklung. Doch die Produktion darf nicht das ökologische Gleichgewicht gefährden. In globaler Sicht muss unser Wohlstandsgewinn sehr viel mehr als bisher aus kulturellen, spirituellen, ethischen statt bloß materiellen – noch dazu energieintensiven – Gütern oder spekulativen Finanzprodukten bestehen. Wir müssen Schluss machen mit diesem Wachstumsfetischismus des »Immer noch mehr«.

Die Entstehung des Umweltbewusstseins

G. V.: Sie wurden in einer Großstadt geboren und sind ein Großstadtmensch geblieben. Sind Sie besonders empfänglich für die Natur? Anders gefragt: Wie sind Sie im Laufe Ihres Lebens zu Ihrem Umweltbewusstsein gekommen?

S. H.: Ich gestehe, dass ich erst spät für den konkreten Umweltschutz wach geworden bin. Während meiner langen Tätigkeit in und mit den Vereinten Nationen im vergangenen Jahrhundert, bis hin zur UN-Umweltschutzkonferenz von Stockholm 1972, habe ich zwar mit Umweltschützern zusammengearbeitet. Doch in meiner persönlichen Lebensführung bin ich ein großer Sünder geblieben. Beispielsweise besitze ich nur deshalb kein Auto, weil ich keines mehr brauche, aber nicht, weil es Abgase produziert.

Diese Problematik ist ganz eindeutig eine Generationenfrage.

Sie haben vorhin die Allgemeine Erklärung der Menschenrechte erwähnt. Es mag seltsam erscheinen, aber in ihr kommt das Wort »Erde« nicht vor. Damals war man sich überhaupt nicht bewusst, was Raubbau anrichten kann.

Der ökologische Lernprozess vollzieht sich für jemanden wie mich schrittweise. Das Buch von Jacques Robin *Changer d'ère*[2] hat mich ein gutes Stück weitergebracht, wie auch die Lektüre der Werke von Edgar Morin. Diese Autoren treten für ein vertieftes Umweltbewusstsein ein.

Mein Umweltbewusstsein entwickelt sich in meinem Kopf, bevor es meinen Alltag umkrempelt. Wenn ich mit Vertretern Ihrer Generation spreche, sage ich immer: »Eine eurer wichtigsten Aufgaben ist unsere Erde.«

G. V.: Was bedeutet es nach Ihrer Ansicht heute, für den Schutz der Umwelt einzutreten?

S. H.: Es bedeutet, sich bewusst zu sein – das ist ja jetzt schon selbstverständlich –, dass der Mensch nicht Herr der Natur ist, sondern ein Teil von ihr. Die Erde setzt die Rahmenbedingungen für die Weiterentwicklung des Menschen.

Nur wenn wir das Leben, die Evolution, die Gefährdung der Natur durch sie selbst oder durch den Menschen verstehen, werden wir vernünftig planen können, wie die für den Bestand der menschlichen Gesellschaften unabdingbaren Gleichgewichte zu bewahren sind.

Was hat sich geändert? Der neue Mensch ist nicht mehr der biblische Mensch, dem Gott den Auftrag gab: »Mach dir die Erde untertan«, sondern der aufgeklärte, der die Lebensvorgänge auf unserer Erde besser versteht.

Umweltschutz und Politik

G. V.: Sie waren privilegierter Beobachter aller Umweltgipfel – von Stockholm 1972 bis zum Weltklimagipfel in Can-

cún 2010. Denken Sie, dass die dort getroffenen Entschei-
dungen den Dringlichkeiten angemessen waren?

S. H.: Ich habe die großen Weltkonferenzen von Stockholm, Rio, Johannesburg aufmerksam verfolgt. Wer auf
der ersten UN-Umweltkonferenz in Stockholm 1972
warnte: »Vorsicht, möglicherweise braut sich etwas zusammen«, wurde ausgelacht. 1992, in Rio, wurde ungefähr
dasselbe gesagt, aber detaillierter und besser belegt, und
da lachten die gleichen Leute schon nicht mehr. In Johannesburg 2002 überlegte man ernsthaft Gegenmaßnah-
men und Korrekturen. Es dauerte mehr als dreißig Jahre,
bis die Themen Umwelt, Ökologie, Klima weltweit in den
Köpfen der Politiker ankamen.

Anfangs habe ich den Ursprung des Problems nicht
wirklich verstanden. Erst Thierry Salomon[3] hat mir auf
mehreren gemeinsamen Reisen die Augen geöffnet, dass
es nicht genügt, sich einfach über die Ausplünderung unserer Erde aufzuregen, sondern dass wir sehr aufmerksam
hinsehen müssen, wo genau die Gefahren lauern und wo
genau wir etwas bewirken können.

Das eigentliche Problem – hier unterscheidet sich meiner Ansicht nach die Einschätzung in der jungen und der
älteren Generation – ist die Überwindung der Hoffnungs-
losigkeit. Ja, unsere Erde wird auch von der Resignation
bedroht: »Zu spät, alles verbockt, nichts mehr zu machen,
wir sind verloren.« Aber wir haben schon manches schwie-
rige Problem erlebt, das dann doch noch gemeistert werden konnte. Warum soll nicht auch heute das, was als
ziemlich hoffnungslos erscheinen mag, einer guten Lösung zugeführt werden können?

Gäbe es da nicht das Hindernis, dass die Staaten ihre

Verpflichtungen gemäß der von der Rio-Konferenz verabschiedeten »Agenda 21« nicht umgesetzt haben. Zwischen den eigensüchtig agierenden Regierungen und der Dringlichkeit dieser Agenda fehlt ein wichtiger Faktor.

Da ich für die Institutionalisierung der Weltprobleme bin, freut mich die Schaffung des UN-Umweltprogramms (UNEP). Aber mit seiner sehr bescheidenen Dotierung reicht das nicht weit – selbst nach Rio, nach Johannesburg …

G. V.: Wie lange wird es noch bis zu einer Allgemeinen Erklärung der Rechte der Natur dauern? Die speziell der Umwelt gewidmete Organisation der Vereinten Nationen (UN Environment Organisation – UNEO) lässt auf sich warten.

S. H.: Ja, eine solche UNEO bräuchten wir, so wie wir eine Welthandelsorganisation (WTO), einen UN-Hochkommissar für Menschenrechte und einen Internationalen Währungsfonds (IWF) haben. Diese vier sollten zusammenarbeiten, wobei die UNEO eigentlich federführend zu sein hätte, weil ihre Aufgabe noch schwieriger, dringlicher, riskanter ist.

Vonnöten wäre eine internationale Gemeinschaft mit einer Strategie, die zunächst die UNEO aufzustellen hätte und in die sich dann die WTO und der IWF einfügen würden. Aber die Staaten sträuben sich.

Das ist wie beim internationalen Strafrecht. Das existiert nur, insoweit die Staaten bereit sind, es ihrer Einzelsouveränität überzuordnen. Damit die Beschlüsse einer UNEO für Staaten verbindlich sind, müssen diese ihr die nötige Autorität verleihen.

Und selbst bei übereinstimmenden Voten der Mitgliedstaaten wäre nicht sichergestellt, dass die dann entsprechend gefassten Beschlüsse der UNEO wirksam umgesetzt werden.

G. V.: Finden Sie, dass die in Kopenhagen thematisierte Klimaproblematik mit zu wenig Nachdruck behandelt wurde?

S. H.: Es erfüllt mich mit großer Befriedigung, dass es die Vereinten Nationen waren, die den Kopenhagener Gipfel einberufen haben, während die G7, G8, G20 bloß zwischenstaatliche Veranstaltungen ohne Weltlegitimation sind. Die besitzt derzeit nur die UNO. Kopenhagen wurde, wie Rio und Johannesburg, im Namen der 192 Staaten der Welt einberufen. Das war eine sehr wichtige neue Etappe.

Im Augenblick gilt das Interesse vor allem der Erderwärmung. Es ist bereits allgemein akzeptiert, dass hier im Vergleich zu den anderen Risiken viel zu wenig getan wird.

Ist das ein brauchbares Beispiel für Fortschritte? Ja, sofern praktische und nützliche Beschlüsse zustande kommen. Aber ich warte immer noch darauf, dass die UNEO Gestalt annimmt. US-Präsident Barack Obama schien sich dafür zu interessieren. Das ist etwas wert. Es bewegt sich etwas; die Perspektive tatkräftigerer Initiativen zum Schutz der Umwelt ist in den Köpfen. Aber man muss sich auch darüber im Klaren sein, dass es noch sehr lange dauern wird, bis daraus etwas Handfestes wird, sofern nicht die morgen Verantwortlichen konsequent ein angemessenes Problembewusstsein entwickeln.

G. V.: Zurück zu Frankreich. Am Ökopakt von Nicolas Hulot kritisierten gewisse Kreise die Ökodominanz über die

Politik. Was ist Ihr Eindruck? Sie haben von »Hulotismus«
gesprochen. Was verstehen Sie darunter?

S. H.: Nicolas Hulot war klug genug, sich nicht parteilich
zu binden und die Umweltverpflichtung als etwas zu prä-
sentieren, das über dem Parteienstreit steht. Ich denke
schon, dass auf diese Weise die Probleme stärker wahrge-
nommen werden und dadurch schließlich mehr Engagement, Mobilisierung und Aktion ausgelöst werden.

Aus diesem Grund war ich sehr glücklich, dass Daniel
Cohn-Bendit, Eva Joly und Nicolas Hulot eine starke ökologische Komponente in die Europapolitik eingebracht
haben. Im Sinne ihrer Vertreter stand dieses Bündnis sicher links – wo auch sonst, da es eigentlich nur die Linke
ist, die an der vorherrschenden Ökologieindifferenz kon-
servativen Wirtschaftsdenkens rüttelt. Dennoch ist dieses
Bündnis parteiübergreifend. Es soll ein Sammelbecken
für alle sein, denen die Umwelt wichtig genug für eine
Vorrangstellung im Europaparlament ist.

Ich wünsche mir ein sehr enges Miteinander der europäischen Linken – die absolut unerlässlich ist und ihrer-
seits zuvorderst für soziale Gerechtigkeit kämpft – und
der europäischen Ökobewegung zum gemeinsamen
Schutz unserer natürlichen Lebensgrundlagen.

G. V.: Sie haben sich kürzlich für das Wahlbündnis Europe
Ecologie *politisch engagiert. Warum dieses Engagement zum*
jetzigen Zeitpunkt?

S. H.: Ich habe *Europe Ecologie* bei der Europawahl vom
Juni 2009 und dann 2010 bei den Wahlen in der Region
Ile-de-France als nicht wählbarer Kandidat unterstützt.

Das war in meinem langen Leben die erste und bisher einzige Wahlkandidatur.

Warum ich das getan habe? Ich habe mich seit jeher als Sozialist betrachtet, weil ich hier meine Vorstellung von sozialer Gerechtigkeit beheimatet fühle. Aber den Sozialisten fehlt es an Schwung. Ich erhoffe mir eine mutige, wenn nötig aufsässige Linke, die visionär und freiheitlich denkt, und dazu in den Institutionen genügend Grüne, die darauf achten, dass die Lebensgrundlagen auf unserer Erde bewahrt werden.

In einem Internetbeitrag[4] haben wir dargelegt, was das Wesen des Bündnisses *Europe Ecologie* ausmacht. Dieses Bündnis nimmt die Realität insgesamt wahr, nicht nur die ökologische, sondern auch die menschliche, soziale, wirtschaftliche, politische und kulturelle. Wir dürfen uns nicht in der Frage verheddern, ob das krisengeschüttelte System gerettet oder aufgegeben werden soll. Entscheidend ist, darüber nachzudenken, welche überzeugenden Alternativen wir haben.

G. V.: Präsident Sarkozy hat den Ökopakt zum Anlass genommen, im Oktober 2007 Spitzengespräche zwischen Politik, Wirtschaft und Gewerkschaften zum Thema Umwelt einzuberufen. Ist dieser innerfranzösische Umweltgipfel eine glaubwürdige Neuorientierung der französischen Politik?

S. H.: Dieser nationale Umweltgipfel war durchaus begrüßenswert – und seine Einberufung hoffentlich ehrlich gemeint. Problematischer ist, was aus den Ergebnissen wird. Es steht zu befürchten, dass sie kein wesentliches Anliegen von Präsident Sarkozy sind. Er verfolgt andere Ziele – zum Beispiel, 2012 wiedergewählt zu werden.

Wir kommen damit auf eine fundamentale Frage zurück: Wo steht die öffentliche Meinung, und was denkt die Jugend? Welche Forderungen werden mit so viel Nachdruck vertreten werden, dass die Politik, zumindest in den Demokratien, sie nicht ignorieren kann?

Hier stoßen wir auf ein anderes Problem – nach meiner Meinung die zentrale Frage: Inwieweit dürfen wir mit einem wirksamen Engagement der Bürger rechnen? »Ohne mich« ist natürlich leichter – also, sich zu sagen: »Ich mag diese politischen Taktierer und Wendehälse nicht«, und sich ins Private zurückzuziehen. Diese Haltung findet man in allen Gesellschaften. Zur Zeit der französischen Kollaborationsregierung von Vichy dachte so die Mehrzahl der Franzosen. Auch heute begegnen wir diesem Gegensatz zwischen militanten Pionieren des Widerstandes und der passiven Masse. Ich bin versucht zu sagen, dass höchstens 10 bis 20 Prozent der Menschen sich wirklich bewegen, um etwas Neues zustande zu bringen, und die anderen laufen dann eben mit. Und das ist bereits eine eher optimistische Aussage.

G. V.: Ihnen liegt die Vielfalt der Kulturen am Herzen. Kulturelle Öffnung ist natürlich ein Gebot der Stunde. Aber sie kann auch ins Gegenteil umschlagen. Länder mit einer ganz anderen Kultur als der unseren haben sich vom westlichen Konsumdenken anstecken lassen: China, Indien, Japan – Länder, die naturkonforme Philosophien entwickelt und dann gleichwohl naturfeindliche Wirtschaftsformen übernommen haben, während die großen internationalen Institutionen zu- bzw. weggeschaut haben. Was sagen Sie dazu?

S. H.: Das ist der größte Vorwurf an die Menschheitsgeschichte der vergangenen zwei Jahrzehnte. Im Zuge der Globalisierung wurde die kulturelle Entwicklung der reichsten Länder – manchmal der mächtigsten: Sowjetunion, China nach Mao – zum Vorbild anderswo in der Welt. Diese dominanten Kulturen weisen eine natürliche Expansionstendenz auf. Wir Europäer haben diese Entwicklung angeschoben. Europa war der erste Erdteil, der reich und mächtig wurde. Von hier erfolgte die Akkulturation anderer Weltgegenden. Amerika, die Sowjetkultur in Russland waren Ziehkinder Europas. Diese Expansionstendenz zog reale Risiken in Form von Raubbauwirtschaft nach sich.

Könnte die Jugend von heute nicht zur Hüterin einer glücklichen Vielfalt der Kulturen werden? In der Landwirtschaft bedrohen gentechnisch veränderte Organismen und die Multis, die sie verbreiten, die Vielfalt der Kulturen. Eine vergleichbare Sackgasse wäre eine weltweite Monokultur nach amerikanischem oder chinesischem Vorbild. Es ist wichtig, die Vielfalt der Kulturen zu erhalten und dafür zu sorgen, dass sie einander achten.

Das Recht eines jeden Menschen auf seine Kultur und darauf, dass sie allseits respektiert wird, ist die Voraussetzung dafür, dass aus der Koexistenz der Kulturen etwas Besseres entsteht als Konfrontation.

Krise und internationale Institutionen

G. V.: Wir stecken nicht nur in einer Wirtschafts- und Finanzkrise, sondern – nach der Beschreibung des Philosophen Edgar Morin – in einer »Polykrise«. Die Wirtschaft, so wird kritisiert, bedarf einer stärkeren Regulierung. Wie sehen Sie – als bedingungsloser Befürworter der UNO – die Verantwortung der internationalen Organisationen? Ist die Politik des Internationalen Währungsfonds, der Weltbank, der Welthandelsorganisation zu beanstanden? Brauchen diese Organisationen neue Ziele, eine neue Struktur, eine neue Basis?

S. H.: Die wichtigste institutionelle Reform wäre für mich die Schaffung eines UN-Rates für wirtschaftliche und soziale Sicherheit. In diesen Rat wären die zwanzig bis dreißig Staaten mit der größten Verantwortung zu wählen – kulturell unterschiedlich, handlungsfähig kraft ihrer Autorität. Sie könnten eine Weltstrategie entwickeln, die den großen Aufgaben angemessen ist und alle Akteure im Finanz-, Handels-, Arbeits-, Gesundheitswesen diszipliniert. Das wäre dann der bisher fehlende Kopf des UNO-Systems und fast schon so etwas wie eine Weltregulierung – nicht Weltregierung, nein, dafür fehlt noch die Bereitschaft.

Dann wäre endlich Schluss damit, dass nach dem Prinzip »ein Dollar, eine Stimme« statt »ein Staat, eine Stimme« die reichsten Staaten die Marschrichtung der Finanzinstitutionen bestimmen – so wie es seit fünfzig Jahren der Fall ist. In der Welthandelsorganisation schließt die Verhandlungspraxis der großen Handelsnationen, bei unzureichender Kontrolle, oft die Entwicklungsländer aus den Entscheidungsprozessen aus. Auch diese Organisation wäre dann diesem Weltwirtschaftsrat unterstellt und könnte sich nicht über die Bedürfnisse der benachteiligten Handelsnationen hinwegsetzen.

Die Deregulierung hat zu Chaos und in die Krise geführt. Die neue Instanz wäre begleitet von einer Weltstrategie, die dafür sorgt, dass die Wirtschaft gut funktioniert – also von mehr Regulierung.

G. V.: Denken Sie, dass die Krise in einigen Jahren – vielleicht sogar bloß Monaten – umso schlimmer wieder aufbrechen könnte, wenn das globale System weiterhin nicht ausreichend verstanden und neu durchdacht wird?

S. H.: Diese Gefahr ist jetzt in vielen Köpfen präsent. Die G20, auch wenn ihr jegliche Legitimation fehlt, lässt erkennen, dass diesen zwanzig Regierungen die Dringlichkeiten bewusst sind. Aber das reicht ganz offensichtlich nicht aus. Erforderlich ist eine von allen Staaten der Welt getragene Regulierungsstrategie, die unter genügend Druck aus der Bevölkerung dann auch tatsächlich umgesetzt wird.

Unsere Welt ist nur noch ein Schatten ihrer selbst. Sie ist seit der Weltkrise aus den Fugen geraten, von den großen Profiteuren des internationalen Finanzsystems destabilisiert. Sie muss so schnell wie möglich in eine Welt überführt werden, die gerecht ist, in der alle gleich sind und jeder frei ist.

Alternativen schaffen

G. V.: Bei einer »Tour de France der nachhaltigen Entwicklung«[5] bin ich einer Reihe von Persönlichkeiten begegnet, die sich im Umweltschutz und in der sozialen Ökonomie engagieren und versuchen, in lokalen Initiativen brauchbare Lö-

sungen für den »Ausstieg aus der Krise« aufzuzeigen. Welche Initiativen würden Ihnen einfallen, die bereits angelaufen sind oder dabei sind, einen Beitrag zu einem solchen Ausstieg vorzubereiten? Wie können sie in den politischen Prozess eingebaut werden, genügend Publizität erlangen und plausibel gemacht werden, damit sie eine »Metamorphose« mit anstoßen können?

S. H.: Natürlich gibt es Alternativen. Claude Alphandéry[6] zum Beispiel engagiert sich für eine soziale und solidarische Ökonomie. Solidarisches Wirtschaften hat durchaus seinen Platz neben kapitalistischer Gewinnorientierung. Das ist gut so und wird von den fortschrittlichsten Denkern vertreten. Soziale Ökonomie ist von einer Modernität, die mir als gutes Zeichen erscheint. Aber sie kann die konventionelle Marktwirtschaft nicht vollständig ersetzen.

Eine eingegrenzte und genügend geregelte Marktwirtschaft lässt auch der sozialen Ökonomie ihren Platz. Ebenso wie in der Welt alle Kulturen Raum haben sollen, muss innerhalb eines Landes Platz für alle Formen menschlicher Koexistenz sein. Wenn wir Religionen brauchen, dann als Pendant auch Laizismus. Wir werden auf das große Problem der Koexistenz der Diversitäten noch zu sprechen kommen.

G. V.: Lokale Initiativen also offenbar als Antwort auf globale Herausforderungen?

S. H.: Ja, aber beides im Gleichgewicht miteinander. Die Vision einer gerechteren, nachhaltiger wirtschaftenden, vernünftigeren Welt kann nur global sein. Aber sie umzusetzen kann nur vor Ort geschehen. Gefährlich wäre es allerdings, wenn allzu viele lokale Initiativen sich von einer globalen Vision abkoppeln und dann auch Wichtigtuer, Sektierer, Privilegienwahrer sich breitmachen würden. Nichts ist einfach. Wir werden die Komplexität und die »Ökologie des Handelns« im Sinne Edgar Morins erfahren. Alles steht in mehrfacher Wechselwirkung zueinander. Wenn es an einer Stelle vorwärtsgeht, bildet sich etwas an einer anderen zurück. Immer droht die Gefahr, dass Fortschritt in einem Bereich mit Rückschritt in einem anderen gekoppelt ist.

Es ist ein Mehrfrontenkampf, und Widerstand ist dabei nur ein Teil der Geschichte. Widerstand kann Berufung sein, doch Gestaltung geht darüber hinaus. Wir haben gesagt: »Widerstand leisten heißt, Neues schaffen; Neues schaffen heißt, Widerstand leisten.«[7] Bleiben wir nicht auf halber Strecke stehen. Aufbau ist die Fortsetzung des Widerstandes mit anderen Mitteln. Bloß keine Vereinfachungen. Lebensweisheit ist das Gebot der Stunde. Dazu braucht es weder Intelligenz noch Kreativität, sondern vor allem den Sinn für Ausgewogenheit. Man kann nicht nur Yin oder Yang sein; man muss sich im Rhythmus von beidem bewegen.

G. V.: Sie sprechen gerne von »Strategie«.

S. H.: Auf das Problembewusstsein muss die Strategie des Handelns folgen. Ich erwarte von den Politikern, dass sie uns offenlegen, wie sie vorzugehen gedenken. Meines Erachtens kann eine Strategie nur zum Erfolg führen, wenn sie die Probleme mit ihren Zusammenhängen und Wechselwirkungen bedenkt.

Eine Strategie für Wasser und eine für Energie: Das geht

nicht; wir brauchen eine ganzheitliche Umweltstrategie. Eine Strategie für die Bewahrung unserer Lebensgrundlagen und eine gegen Armut und Ungerechtigkeit: Wiederum nein; auch hier ist eine Gesamtstrategie nötig.

Das lässt sich durchaus machen. Es ist fast leichter, den Weg vorzuzeichnen, als ihn zu begründen. Besteht erst einmal Klarheit über das Ziel, kann die Strategie dorthin verständlich aufgezeigt werden.

G. V.: Die Nichtregierungsorganisationen (non-governmental organizations – NGOs) gewinnen zunehmend an Bedeutung. Sie mobilisieren Einsatzfreude, begründen Hoffnungen, schaffen neue Solidaritäten. Gewiss ist es erfreulich, dass sie Probleme in Angriff nehmen und Lösungsansätze bieten. Dennoch bleibt die Frage nach den Grenzen ihrer Legitimierung und Wünschbarkeit. Etliche von ihnen gebärden sich als Weltveränderer.

S. H.: Hierauf richtet sich meine Hoffnung. Wir leben in einer vielfach verflochtenen Welt, in der Neuerungen nur im Verbund durchgesetzt werden können. Das erfordert Solidarität. Sie zeigt sich konkret in zahlreichen, immer dichteren Vernetzungen zivilgesellschaftlicher Vereinigungen – für die Wahrung der Menschenrechte, für Wachstum und Fortschritt in benachteiligten Regionen. Die haben wir jetzt schon in den 192 Staaten der Welt, und das ist eine Menge.

So konstituieren sich die Kräfte, die die Welt bewegen.

G. V.: Gefährdet der wachsende Einfluss der NGOs nicht in gewisser Weise die Demokratie? Sollten sie sich nicht auf ihre Rolle des Gegengewichts beschränken?

S. H.: Die NGOs sind sicher nicht ohne Fehl und Tadel. Aber sogar der Begriff NGO existiert ja erst seit der Charta der Vereinten Nationen von 1945. Er wurde eingeführt, um die Vertreter von sozial- und umweltpolitisch engagierten Interessenverbänden, die sich an den politischen Prozessen der UNO beteiligen wollten, mit einem Konsultativstatus von den Vertretern der Staaten abzugrenzen. Zum ersten Mal in der Weltgeschichte erhielten damals Organisationen der Zivilgesellschaft ein Statut in der Organisation der Staaten, der Regierungen. Ohne deren Organisation hätten die NGOs sich nicht konstituieren können. Ihren großen Aufschwung erlebten sie in den neunziger Jahren. Damals leisteten sie einen wichtigen Beitrag zur Bildung einer Art Weltsystem zivilgesellschaftlicher Verantwortung.

Es muss gewährleistet sein, dass diese Organisationen Ideen beisteuern können. Aber diese dann umzusetzen ist derzeit noch Sache der Staaten – als den Inhabern der Macht – und der internationalen Organisationen – als den Koordinierungsorganen dieser Machtinhaber. Keine Gefahr also von dieser Seite, denn die Staaten entscheiden jederzeit in voller Freiheit, was sie von den NGOs übernehmen wollen – andererseits ignorieren sie aber manchmal leider auch Initiativen, die Nutzen versprechen. So läuft nun mal dieses Spiel der zivilgesellschaftlichen Verantwortung.

Die internationalen Organisationen setzen sich aus den Bürgern dieser Welt zusammen, und je mehr solche Organisationen es gibt, desto besser.

G. V.: *Sie selbst sind in zahlreichen Organisationen aktiv, wie im erwähnten* Agrisud *oder im* Collegium International *für Politikempfehlungen auf der Grundlage ethischer, politischer und wissenschaftlicher Kompetenz.*

S. H.: In dem von Michel Rocard und Milan Kučan gegründeten *Collegium International* erarbeiten Persönlichkeiten aus der ganzen Welt – darunter Staatsmänner, Wirtschaftswissenschaftler wie René Passet oder der Nobelpreisträger Amartya Sen, Philosophen wie Jürgen Habermas und Edgar Morin – gemeinsam Methoden, wie man Entscheidungsträger dazu bringen kann, sich der großen Probleme unserer Zeit im vollen Bewusstsein ihrer Dringlichkeit anzunehmen, als da sind: Gewalt, Umweltzerstörung, Sinnentleerung, extrem finanzorientiertes menschenmissachtendes Wirtschaften. Das ist ein intellektueller Beitrag zu zivilgesellschaftlicher Weltverantwortung. Das *Collegium* ist ein Ort der geistigen Auseinandersetzung, des vertieften Nachdenkens, um den Verantwortlichen in der Politik Anregungen zu liefern, damit sie »gute« Entscheidungen treffen, die zu effizienten Lösungen für alle führen.

Blick auf morgen

G. V.: *Über Ihre Zeit im Ressort für soziale Fragen des UNO-Wirtschafts- und Sozialrates haben Sie gesagt: »Das war vielleicht die ehrgeizigste Periode meines Lebens, mit dem bestimmten Gefühl, etwas für die Zukunft – wenn schon nicht für die Ewigkeit – zu leisten.« Wie stellten Sie sich damals die Zukunft vor, und wie stellen Sie sie sich heute vor?*

S. H.: Nach meinen Erfahrungen in deutschen Konzentrationslagern gab es für mich keine wichtigere politische Aufgabe als die Arbeit an den Menschenrechten. Meine Mitwirkung an der Formulierung der Allgemeinen Erklärung der Menschenrechte erlebte ich als Teilnahme an einem ganz großen geschichtlichen Wurf, um jedem Menschen Grundrechte zu garantieren.

1945 ging es darum, die Menschheit von der schrecklichen Last des Totalitarismus, des Nationalsozialismus, des Faschismus zu befreien und hierfür die UNO-Mitgliedstaaten auf Rechte von universeller Geltung einzuschwören. Das Ziel war ungeheuer ehrgeizig. Die Länder des Südens, des Westens und des Ostens, des Okzidents und des Orients sollten sich auf einen Kodex von Werten, Freiheiten und allgemeinen Rechten einigen, auch wenn diese nicht unbedingt ihrer Tradition entsprachen. Es sollte ein Text entstehen, der den Kulturen aller Länder offenstand und kein Land schockierte. Dieses ehrgeizige Ziel wurde am 10. Dezember 1948 erreicht, als 48 Staaten im Pariser Palais de Chaillot für die Annahme der Allgemeinen Erklärung der Menschenrechte stimmten. Da gab es nun auf einmal eine Weltorganisation und dazu einen Menschenrechtstext, der von sehr unterschiedlichen politischen Regimes verfasst worden war. Noch nie zuvor war von »Menschenrechten« im Weltmaßstab die Rede gewesen! Zum ersten Mal erschien vor unseren Augen die Weltgesellschaft als einheitliches, interdependentes und solidarisches Gebilde. Das war unerhört neu – auch dieses anspruchsvolle Adjektiv: universell. Ja, wir meinten die Gesamtheit der Frauen und Männer in aller Welt, ohne Ausnahme.

Ich will einige dieser Rechte zitieren. Artikel 13: »Jeder

hat das Recht, sich innerhalb eines Staates frei zu bewegen und seinen Aufenthaltsort frei zu wählen. Jeder hat das Recht, jedes Land, einschließlich seines eigenen, zu verlassen und in sein Land zurückzukehren.« Artikel 16: »Heiratsfähige Männer und Frauen haben ... bei der Eheschließung, während der Ehe und bei deren Auflösung gleiche Rechte.« Artikel 22: »Jeder hat ... das Recht auf soziale Sicherheit und Anspruch darauf, ... in den Genuss der wirtschaftlichen, sozialen und kulturellen Rechte zu gelangen, die für seine Würde ... unentbehrlich sind.« Artikel 25: »Jeder hat das Recht auf einen Lebensstandard, der seine und seiner Familie Gesundheit und Wohl gewährleistet, einschließlich Nahrung, Kleidung, Wohnung, ärztliche Versorgung und notwendige soziale Leistungen.«

Die Erklärung brachte die politische Landschaft gründlich durcheinander. Kolonialvölker beriefen sich auf sie in ihrem Unabhängigkeitskampf, und alle Verfassungen der neuen Staaten nehmen auf sie Bezug. In den vergangenen sechzig Jahren sind beträchtliche Fortschritte erzielt worden. Und dennoch, auch wenn diese Werte und Rechte uns heute als selbstverständlich und weithin anerkannt erscheinen mögen: Machen wir uns nichts vor. Sie wurden häufig missachtet, auch von den sogenannten demokratischen Ländern. Kein einziger Staat wendet sie uneingeschränkt an. Nehmen wir die Behandlung der Zuwanderer in Frankreich. Die Regierung gewährt ihnen nicht immer die Aufnahme, die sie verdienen würden. Himmelschreiend, was diese Regierung aus dem Asylrecht macht und wie sie mit illegalen Zuwanderern umgeht. Wir müssen uns zahlreich zusammentun, um gegen solche Verletzungen elementarer Rechte zu protestieren. Die Bürger kennen ihre zivilen, sozialen, wirtschaftlichen, kulturellen Rechte und können sie unter Berufung auf die staatlich sanktionierten Texte einfordern, insbesondere bei den Regierungen. Sie können protestieren, nicht zuletzt im Verbund mit Organisationen, die für die Verteidigung der Menschenrechte eintreten und inzwischen weltweit vernetzt sind – vor allem Amnesty International, Human Rights Watch oder die Internationale Menschenrechtsföderation (Fédération Internationale des Ligues des Droits de l'Homme – FIDH).

Eindrücklich, was erreicht worden ist – und ebenso, woran es noch fehlt!

Später habe ich begriffen, dass als politisches Ziel der Schutz der Natur mindestens ebenso wichtig ist wie die Wahrung der Menschenrechte. Für die Zukunft sehe ich demnach die Rechte der menschlichen Person und der Natur als gleichberechtigt nebeneinander. Da hat sich meine Wahrnehmung erweitert.

Ansonsten habe ich mich nicht wesentlich verändert. Ich bin immer noch relativ optimistisch in meinem Vertrauen, dass die kommenden Generationen ihre Probleme in den Griff bekommen können, und ich bin immer noch überzeugt, dass der menschliche Geist und das sittliche Bewusstsein noch ein weites Feld zu beackern haben. Jede Generation ist imstande, ihren Platz und ihre Verpflichtung im Sinne von Sartre zu finden, für den wahres Menschsein mit entschiedenem Engagement und Verantwortungsbewusstsein beginnt.

G.V.: Sie schreiben: »Wir dürfen die Welt auf dem Wege zu mehr Freiheit, Solidarität und Verantwortung sehen …, zu mehr gegenseitigem Zuhören, mehr Dialog.« Sie erwecken den Eindruck eines unerschütterlichen Optimisten, obwohl

Sie sich der hohen Hürden bewusst sind. Würden Sie so weit gehen wie der französische Paläontologe und Paläoanthropologe Yves Coppens? Er prophezeite: »Man höre endlich auf mit der Schwarzmalerei! Die Zukunft ist phantastisch. Die kommende Generation wird lernen, […] das Klima zu programmieren, die Sternenwelt zu bereisen und Kolonien auf den ihr zusagenden Planeten zu gründen.«

S. H.: Wir haben noch beträchtliche Potentiale. Das menschliche Gehirn hat sicher noch nicht alle seine Anlagen ausgereizt. Nach Ansicht einiger Demographen wird die Menschheit sich bei zehn Milliarden Individuen einpendeln. Wenn das stimmt, werden diese zehn Milliarden Hirne mit ihrer Geisteskraft und ihrem technischen Verstand Dinge zustande bringen können, von denen wir heute noch nicht einmal träumen.

Entwicklungsgeschichtlich ist die Spezies Mensch noch jung. Im Kosmos mit seiner räumlichen und zeitlichen Unendlichkeit sind wir kaum mehr als ein Punkt, der gerade aufgeglüht ist. Auf anderen Planeten landen: das wohl kaum. Aber unsere ethischen, wissenschaftlichen, materiellen und geistigen Potentiale nutzen: dies durchaus. Zum Beispiel lernen, dass Gewalt für die Überwindung einer ganzen Anzahl von Hindernissen nicht hilfreich ist. Ebenso kann es aber auch sein, dass diese Spezies, so jung sie auch ist, morgen die Treppe hinunterfällt und verschwindet. Wir haben schon genug Dummheiten angestellt und machen möglicherweise noch mehr. Einige Atombomben zielgenau platziert, und das wär's gewesen. Die menschliche Spezies hat also noch keineswegs den Punkt berechtigter Selbstzufriedenheit erreicht: »Wir sind auf einem guten Weg, weiter so.« Aber wir können uns sagen: »Wir sind immerhin lernfähig, wir haben erkannt, dass wir uns ändern müssen, die Spezies Mensch kann auf diesem kleinen Planeten eine neue Stufe erklimmen mit der Aussicht auf phantastische Horizonte.«

G. V.: Sie sind vom menschlichen Fortschritt zutiefst überzeugt.

S. H.: Ja, ich glaube an den Menschen. Gewiss, dieses Tier ist gefährlich und kann alles kaputtmachen. Das hat es mehrmals eindrücklich bewiesen. Aber es ist unglaublich begabt, sich etwas einfallen zu lassen, wenn es auf neue Probleme stößt.

Und dann gibt es ja noch den glücklichen Zufall. Wenn irgendetwas mein Leben geprägt hat, dann dies: dass ich sehr viel Glück gehabt habe, gerade auch im Unglück. Da liegt es nahe, diese persönliche Erfahrung auf die Geschichte zu projizieren. Die Geschichte kann glückliche Zufälle hervorbringen: Das nenne ich Optimismus. Wobei ich gerne zugebe, dass das auch mal schiefgehen kann. Aus der Tatsache, dass mein Leben oft eine glückliche Wendung genommen hat, gestatte ich mir die Schlussfolgerung, dass es auch der Menschheit immer besser gelingen kann, selbst ihre größten Probleme zu meistern.

Von Generation zu Generation

G. V.: Da die kommenden Generationen in der heutigen Politik stimmrechtslos sind, wird die Zukunft faktisch von den jetzigen Generationen bestimmt. Erscheint Ihnen ein Inter-

generationen-Forum wünschenswert und möglich, in dem Vertreter der jungen Generation mit Unterstützung von »Weisen« darauf dringen, dass bei allen Entscheidungen auch an die Belange der kommenden Generationen gedacht wird?

S. H.: Das scheint mir im Begriff der Nachhaltigkeit eingeschlossen zu sein. Wir sind uns bewusst, dass unser Tun und Lassen das Leben unserer Kinder berühren kann, und das Leben der Enkelkinder – ich habe fünf. Wir wissen, dass es ein Später gibt und dass wir dafür Verantwortung tragen, und dieses Wissen ist wertvoll, denn wir könnten ja auch sagen: »Jetzt machen wir es uns erst mal bequem, und dann sehen wir weiter.«

Den Kausalzusammenhang zwischen unserem Tun heute und dem Leben nach uns zu beachten gebietet uns auch unser moralisches Gewissen. Es ist gut, das in unseren Köpfen zu verankern, damit wir nicht nachlassen in unserem Bemühen, dass auch die nach uns Kommenden in Glück und Eintracht leben können.

Die Bezeichnung Intergenerationen-Forum ist mir ein wenig vage. Gehen wir davon aus, dass es immer mehr alte, sogar sehr alte Leute gibt. Man muss versuchen, sich dies zunutze zu machen, indem man sie als Zeugen der Geschichte zu Wort kommen lässt.

Es ist zu begrüßen, wenn die Jungen im Kontakt mit den Alten sind und die Alten den Jüngeren ihre Erfahrung mitgeben können. Natürlich ohne Dominanzverhalten der Älteren – damit hat man 1968 aufgeräumt. In diesem dialogischen Prozess der Erneuerung darf die Kreativität der Jungen nicht durch übergroßen Respekt vor der Tradition oder der Autorität der Alten Schaden erleiden. Austausch: ja, damit die Alten mitbekommen, wie die Jungen denken, und die Jungen etwas aus dem Erfahrungsschatz der Alten lernen.

G. V.: Kann das Motto »Es lebe die Zukunft« ein Leitgedanke für die Jugend von heute sein?

S. H.: Ja und nein: Es lebe die Zukunft, gewiss, aber bleiben wir auf dem Teppich. Unterschätzen wir nicht die Gefahren – und seien wir uns zugleich bewusst, dass jede Gefahr angegangen und gemeistert werden kann. Nur gegenüber naiver Fortschrittsgläubigkeit bleibe ich skeptisch.

ANHANG

Allgemeine Erklärung der Menschenrechte

Resolution 217 A (III) der Generalversammlung
vom 10. Dezember 1948

Präambel

Da die Anerkennung der angeborenen Würde und der gleichen und unveräußerlichen Rechte aller Mitglieder der Gemeinschaft der Menschen die Grundlage von Freiheit, Gerechtigkeit und Frieden in der Welt bildet,
da die Nichtanerkennung und Verachtung der Menschenrechte zu Akten der Barbarei geführt haben, die das Gewissen der Menschheit mit Empörung erfüllen, und da verkündet worden ist, dass einer Welt, in der die Menschen Rede- und Glaubensfreiheit und Freiheit von Furcht und Not genießen, das höchste Streben des Menschen gilt,
da es notwendig ist, die Menschenrechte durch die Herrschaft des Rechtes zu schützen, damit der Mensch nicht gezwungen wird, als letztes Mittel zum Aufstand gegen Tyrannei und Unterdrückung zu greifen,
da es notwendig ist, die Entwicklung freundschaftlicher Beziehungen zwischen den Nationen zu fördern,
da die Völker der Vereinten Nationen in der Charta ihren Glauben an die grundlegenden Menschenrechte, an die

Würde und den Wert der menschlichen Person und an die Gleichberechtigung von Mann und Frau erneut bekräftigt und beschlossen haben, den sozialen Fortschritt und bessere Lebensbedingungen in größerer Freiheit zu fördern,

da die Mitgliedstaaten sich verpflichtet haben, in Zusammenarbeit mit den Vereinten Nationen auf die allgemeine Achtung und Einhaltung der Menschenrechte und Grundfreiheiten hinzuwirken,

da ein gemeinsames Verständnis dieser Rechte und Freiheiten von größter Wichtigkeit für die volle Erfüllung dieser Verpflichtung ist,

verkündet die Generalversammlung

diese Allgemeine Erklärung der Menschenrechte als das von allen Völkern und Nationen zu erreichende gemeinsame Ideal, damit jeder Einzelne und alle Organe der Gesellschaft sich diese Erklärung stets gegenwärtig halten und sich bemühen, durch Unterricht und Erziehung die Achtung vor diesen Rechten und Freiheiten zu fördern und durch fortschreitende nationale und internationale Maßnahmen ihre allgemeine und tatsächliche Anerkennung und Einhaltung durch die Bevölkerung der Mitgliedstaaten selbst wie auch durch die Bevölkerung der ihrer Hoheitsgewalt unterstehenden Gebiete zu gewährleisten.

Artikel 1

Alle Menschen sind frei und gleich an Würde und Rechten geboren. Sie sind mit Vernunft und Gewissen begabt und sollen einander im Geiste der Brüderlichkeit begegnen.

Artikel 2

Jeder hat Anspruch auf alle in dieser Erklärung verkündeten Rechte und Freiheiten, ohne irgendeinen Unterschied, etwa nach Rasse, Hautfarbe, Geschlecht, Sprache, Religion, politischer oder sonstiger Anschauung, nationaler oder sozialer Herkunft, Vermögen, Geburt oder sonstigem Stand.

Des Weiteren darf kein Unterschied gemacht werden auf Grund der politischen, rechtlichen oder internationalen Stellung des Landes oder Gebietes, dem eine Person angehört, gleichgültig ob dieses unabhängig ist, unter Treuhandschaft steht, keine Selbstregierung besitzt oder sonst in seiner Souveränität eingeschränkt ist.

Artikel 3

Jeder hat das Recht auf Leben, Freiheit und Sicherheit der Person.

Artikel 4

Niemand darf in Sklaverei oder Leibeigenschaft gehalten werden; Sklaverei und Sklavenhandel in allen ihren Formen sind verboten.

Artikel 5

Niemand darf der Folter oder grausamer, unmenschlicher oder erniedrigender Behandlung oder Strafe unterworfen werden.

Artikel 6

Jeder hat das Recht, überall als rechtsfähig anerkannt zu werden.

Artikel 7

Alle Menschen sind vor dem Gesetz gleich und haben ohne Unterschied Anspruch auf gleichen Schutz durch das Gesetz. Alle haben Anspruch auf gleichen Schutz gegen jede Diskriminierung, die gegen diese Erklärung verstößt, und gegen jede Aufhetzung zu einer derartigen Diskriminierung.

Artikel 8

Jeder hat Anspruch auf einen wirksamen Rechtsbehelf bei den zuständigen innerstaatlichen Gerichten gegen Handlungen, durch die seine ihm nach der Verfassung oder nach dem Gesetz zustehenden Grundrechte verletzt werden.

Artikel 9

Niemand darf willkürlich festgenommen, in Haft gehalten oder des Landes verwiesen werden.

Artikel 10

Jeder hat bei der Feststellung seiner Rechte und Pflichten sowie bei einer gegen ihn erhobenen strafrechtlichen Beschuldigung in voller Gleichheit Anspruch auf ein gerechtes und öffentliches Verfahren vor einem unabhängigen und unparteiischen Gericht.

Artikel 11

1. Jeder, der einer strafbaren Handlung beschuldigt wird, hat das Recht, als unschuldig zu gelten, solange seine Schuld nicht in einem öffentlichen Verfahren, in dem er alle für seine Verteidigung notwendigen Garantien gehabt hat, gemäß dem Gesetz nachgewiesen ist.

2. Niemand darf wegen einer Handlung oder Unterlassung verurteilt werden, die zur Zeit ihrer Begehung nach innerstaatlichem oder internationalem Recht nicht strafbar war. Ebenso darf keine schwerere Strafe als die zum Zeitpunkt der Begehung der strafbaren Handlung angedrohte Strafe verhängt werden.

Artikel 12

Niemand darf willkürlichen Eingriffen in sein Privatleben, seine Familie, seine Wohnung und seinen Schriftverkehr oder Beeinträchtigungen seiner Ehre und seines Rufes ausgesetzt werden. Jeder hat Anspruch auf rechtlichen Schutz gegen solche Eingriffe oder Beeinträchtigungen.

Artikel 13

1. Jeder hat das Recht, sich innerhalb eines Staates frei zu bewegen und seinen Aufenthaltsort frei zu wählen.
2. Jeder hat das Recht, jedes Land, einschließlich seines eigenen, zu verlassen und in sein Land zurückzukehren.

Artikel 14

1. Jeder hat das Recht, in anderen Ländern vor Verfolgung Asyl zu suchen und zu genießen.
2. Dieses Recht kann nicht in Anspruch genommen werden im Falle einer Strafverfolgung, die tatsächlich auf Grund von Verbrechen nichtpolitischer Art oder auf Grund von Handlungen erfolgt, die gegen die Ziele und Grundsätze der Vereinten Nationen verstoßen.

Artikel 15

1. Jeder hat das Recht auf eine Staatsangehörigkeit.

2. Niemandem darf seine Staatsangehörigkeit willkürlich entzogen noch das Recht versagt werden, seine Staatsangehörigkeit zu wechseln.

Artikel 16
1. Heiratsfähige Männer und Frauen haben ohne jede Beschränkung auf Grund der Rasse, der Staatsangehörigkeit oder der Religion das Recht, zu heiraten und eine Familie zu gründen. Sie haben bei der Eheschließung, während der Ehe und bei deren Auflösung gleiche Rechte.
2. Eine Ehe darf nur bei freier und uneingeschränkter Willenseinigung der künftigen Ehegatten geschlossen werden.
3. Die Familie ist die natürliche Grundeinheit der Gesellschaft und hat Anspruch auf Schutz durch Gesellschaft und Staat.

Artikel 17
1. Jeder hat das Recht, sowohl allein als auch in Gemeinschaft mit anderen Eigentum innezuhaben.
2. Niemand darf willkürlich seines Eigentums beraubt werden.

Artikel 18
Jeder hat das Recht auf Gedanken-, Gewissens- und Religionsfreiheit; dieses Recht schließt die Freiheit ein, seine Religion oder seine Weltanschauung zu wechseln, sowie die Freiheit, seine Religion oder seine Weltanschauung allein oder in Gemeinschaft mit anderen, öffentlich oder privat durch Lehre, Ausübung, Gottesdienst und Kulthandlungen zu bekennen.

Artikel 19

Jeder hat das Recht auf Meinungsfreiheit und freie Meinungsäußerung; dieses Recht schließt die Freiheit ein, Meinungen ungehindert anzuhängen sowie über Medien jeder Art und ohne Rücksicht auf Grenzen Informationen und Gedankengut zu suchen, zu empfangen und zu verbreiten.

Artikel 20

1. Alle Menschen haben das Recht, sich friedlich zu versammeln und zu Vereinigungen zusammenzuschließen.
2. Niemand darf gezwungen werden, einer Vereinigung anzugehören.

Artikel 21

1. Jeder hat das Recht, an der Gestaltung der öffentlichen Angelegenheiten seines Landes unmittelbar oder durch frei gewählte Vertreter mitzuwirken.
2. Jeder hat das Recht auf gleichen Zugang zu öffentlichen Ämtern in seinem Lande.
3. Der Wille des Volkes bildet die Grundlage für die Autorität der öffentlichen Gewalt; dieser Wille muss durch regelmäßige, unverfälschte, allgemeine und gleiche Wahlen mit geheimer Stimmabgabe oder einem gleichwertigen freien Wahlverfahren zum Ausdruck kommen.

Artikel 22

Jeder hat als Mitglied der Gesellschaft das Recht auf soziale Sicherheit und Anspruch darauf, durch innerstaatliche Maßnahmen und internationale Zusammenarbeit sowie unter Berücksichtigung der Organisation und der Mittel jedes Staates in den Genuss der wirtschaftlichen, sozialen und kulturellen Rechte zu gelangen, die für seine Würde und die freie Entwicklung seiner Persönlichkeit unentbehrlich sind.

Artikel 23

1. Jeder hat das Recht auf Arbeit, auf freie Berufswahl, auf gerechte und befriedigende Arbeitsbedingungen sowie auf Schutz vor Arbeitslosigkeit.
2. Jeder, ohne Unterschied, hat das Recht auf gleichen Lohn für gleiche Arbeit.
3. Jeder, der arbeitet, hat das Recht auf gerechte und befriedigende Entlohnung, die ihm und seiner Familie eine der menschlichen Würde entsprechende Existenz sichert, gegebenenfalls ergänzt durch andere soziale Schutzmaßnahmen.
4. Jeder hat das Recht, zum Schutze seiner Interessen Gewerkschaften zu bilden und solchen beizutreten.

Artikel 24

Jeder hat das Recht auf Erholung und Freizeit und insbesondere auf eine vernünftige Begrenzung der Arbeitszeit und regelmäßigen bezahlten Urlaub.

Artikel 25

1. Jeder hat das Recht auf einen Lebensstandard, der seine und seiner Familie Gesundheit und Wohl gewährleistet, einschließlich Nahrung, Kleidung, Wohnung, ärztliche Versorgung und notwendige soziale Leistungen, sowie das Recht auf Sicherheit im Falle von Arbeitslosigkeit, Krankheit, Invalidität oder Verwitwung, im Alter sowie bei anderweitigem Verlust seiner Unterhaltsmittel durch unverschuldete Umstände.

2. Mütter und Kinder haben Anspruch auf besondere Fürsorge und Unterstützung. Alle Kinder, eheliche wie außereheliche, genießen den gleichen sozialen Schutz.

Artikel 26

1. Jeder hat das Recht auf Bildung. Die Bildung ist unentgeltlich, zum mindesten der Grundschulunterricht und die grundlegende Bildung. Der Grundschulunterricht ist obligatorisch. Fach- und Berufsschulunterricht müssen allgemein verfügbar gemacht werden, und der Hochschulunterricht muss allen gleichermaßen entsprechend ihren Fähigkeiten offenstehen.
2. Die Bildung muss auf die volle Entfaltung der menschlichen Persönlichkeit und auf die Stärkung der Achtung vor den Menschenrechten und Grundfreiheiten gerichtet sein. Sie muss zu Verständnis, Toleranz und Freundschaft zwischen allen Nationen und allen rassischen oder religiösen Gruppen beitragen und der Tätigkeit der Vereinten Nationen für die Wahrung des Friedens förderlich sein.
3. Die Eltern haben ein vorrangiges Recht, die Art der Bildung zu wählen, die ihren Kindern zuteilwerden soll.

Artikel 27

1. Jeder hat das Recht, am kulturellen Leben der Gemeinschaft frei teilzunehmen, sich an den Künsten zu erfreuen und am wissenschaftlichen Fortschritt und dessen Errungenschaften teilzuhaben.
2. Jeder hat das Recht auf Schutz der geistigen und materiellen Interessen, die ihm als Urheber von Werken der Wissenschaft, Literatur oder Kunst erwachsen.

Artikel 28

Jeder hat Anspruch auf eine soziale und internationale Ordnung, in der die in dieser Erklärung verkündeten Rechte und Freiheiten voll verwirklicht werden können.

Artikel 29

1. Jeder hat Pflichten gegenüber der Gemeinschaft, in der allein die freie und volle Entfaltung seiner Persönlichkeit möglich ist.
2. Jeder ist bei der Ausübung seiner Rechte und Freiheiten nur den Beschränkungen unterworfen, die das Gesetz ausschließlich zu dem Zweck vorsieht, die Anerkennung und Achtung der Rechte und Freiheiten anderer zu sichern und den gerechten Anforderungen der Moral, der öffentlichen Ordnung und des allgemeinen Wohles in einer demokratischen Gesellschaft zu genügen.
3. Diese Rechte und Freiheiten dürfen in keinem Fall im Widerspruch zu den Zielen und Grundsätzen der Vereinten Nationen ausgeübt werden.

Artikel 30

Keine Bestimmung dieser Erklärung darf dahin ausgelegt werden, dass sie für einen Staat, eine Gruppe oder eine Person irgendein Recht begründet, eine Tätigkeit auszuüben oder eine Handlung zu begehen, welche die Beseitigung der in dieser Erklärung verkündeten Rechte und Freiheiten zum Ziel hat.

Fußnoten

1 In dem Dokumentarfilm von Gilles Perret *Walter, retour en résistance*.

2 Editions du Seuil, Paris 1989.

3 Ein Energieingenieur, der mehrere Projekte zur energetischen Optimierung angestoßen und das »Negawatt«-Konzept entwickelt hat (Negawatt = ein Maß für die durch maßvolleren und effizienteren Energieverbrauch eingesparte Energie).

4 Stéphane Hessel, Paul Virilio, Peter Sloterdijk: *Pour une politique de l'espérance: Europe Ecologie*, veröffentlicht von Christophe Rossignol am 5. Januar 2010 in *C'était dans les média*.

5 Gilles Vanderpooten, *Le tour de France du développement durable*, éditions Alternatives, 2010.

6 Claude Alphandéry, ehemaliger französischer Widerstandskämpfer, Inhaber hoher Ämter, Gründer der Vereinigung *Aktives Frankreich (France Active)*, engagierter Verfechter einer sozialen und solidarischen Ökonomie, Präsident des *Nationalrates für Eingliederung durch wirtschaftliche Aktivität*.

7 Im *Aufruf der Widerstandskämpfer (Appel des Résistants)* vom März 2004 anlässlich des 60. Jahrestages der Verkündung des Programms des französischen Nationalen Widerstandsrates vom 15. März 1944. Diesen Auf-

ruf haben neben Stéphane Hessel unterzeichnet: Lucie Aubrac, Raymond Aubrac, Henri Bartoli, Daniel Cordier, Philippe Dechartre, Georges Guingouin, Maurice Kriegel-Valrimont, Lise London, Georges Séguy, Germaine Tillion, Jean-Pierre Vernant, Maurice Voutey.

STÉPHANE HESSEL

Lebenslauf

Stéphane Hessel wurde geboren, als in Russland die Revolution ausbrach. Als seinen Lebensweg wählte er aber nicht die Rebellion, sondern die Diplomatie und das Wirken in internationalen Organisationen.

Die Erfahrung des Zweiten Weltkrieges – zweimal entkam er aus deutschen Konzentrationslagern – ließ ihn zu einem entschlossenen Weltbürger und Europäer werden. In der Überzeugung, dass erneute Katastrophen nur durch rasches gemeinsames Handeln zu verhindern sind und dass es hierzu einer weltumspannenden internationalen Organisation bedarf, schloss er sich den Verfassern der Allgemeinen Erklärung der Menschenrechte von 1948 an. »Das war vielleicht die ehrgeizigste Periode meines Lebens, mit dem bestimmten Gefühl, etwas für die Zukunft – wenn schon nicht für die Ewigkeit – zu leisten.«

Als UNO-Pionier, Botschafter Frankreichs, Beauftragter des französischen Außenministeriums und dann des UNO-Entwicklungsprogramms verkörperte er ein Weltbürgertum, in dessen verpflichtendem Geist er sich für Menschenrechte, illegale Zuwanderer und Obdachlose in Frankreich, Gleichberechtigung und die Aussöhnung zwischen Israelis und Palästinensern einsetzte. Für den Enthusiasten, der an vielen Fronten kämpft, ist eines der obersten Gebote des 21. Jahrhunderts die Bewahrung der

Schöpfung. In seinem unerschütterlichen Optimismus traut er der »listenreichen« Natur zu, sich von den Schandtaten ihrer Geschöpfe nicht unterkriegen zu lassen.

Stéphane Hessel wünscht sich die Schaffung einer Weltorganisation, die sich für die Bewahrung der Umwelt starkmacht, und er wünscht sich von der heutigen Jugend, dass sie angesichts so vieler skandalöser Zustände in der Welt einen wachen Widerstandsgeist entwickelt.

Biographische Zeittafel

20. Oktober 1917: Stéphane Hessel wird in Berlin geboren.

1937: Erwerb der französischen Staatsbürgerschaft. Aufnahme in die Pariser Hochschule Ecole Normale Supérieure.

1941: Als Mitglied der Résistance Anschluss an General de Gaulle in London.

1944–1945: Verhaftung durch die Gestapo. In den deutschen Konzentrationslagern Buchenwald und Mittelbau-Dora entgeht er zweimal der Hinrichtung.

1945: Eintritt in den diplomatischen Dienst Frankreichs.

1945–1948: Mitverfasser der Allgemeinen Erklärung der Menschenrechte.

1946: Verbindung mit dem Beigeordneten UNO-Generalsekretär Henri Laugier.

1953: Erste Reise nach Schwarzafrika.

Juni 1954: Eintritt in den Stab der engeren Mitarbeiter des neuen französischen Premierministers Pierre Mendès-France.

1955: Erster Botschaftsrat an der französischen Botschaft in Saigon.

Mai 1958: Mitbegründer des *Club Jean Moulin* (einer parteiähnlichen Vereinigung, die eine Neuorientierung der französischen Politik anstrebte; Jean Moulin hatte 1944 alle großen politischen Kräfte des besetzten Frankreich zum gemeinsamen Widerstand zusammengeführt).

1970: »Assistant Administrator« des Entwicklungshilfeprogramms der Vereinten Nationen (UNDP).

1977: Ständiger Vertreter Frankreichs bei den Vereinten Nationen in Genf.

1981: Verleihung der Würde eines »Ambassadeur de France«.

1981: Interministerieller Delegierter für Zusammenarbeit und Entwicklungshilfe.

1982: Pensionierung.

1986: Beitritt zur Sozialistischen Partei.

1994: Burundi-Mission zur Vermittlung zwischen Hutus und Tutsis.

1996: Vermittlung in den Verhandlungen um das Bleiberecht illegaler Zuwanderer nach der Besetzung der Pariser Kirche Saint-Ambroise.

2002: Mitbegründer des von Michel Rocard und Milan Kučan initiierten »Collegium International« für Politikempfehlungen auf der Grundlage ethischer, politischer und wissenschaftlicher Kompetenz.

2003: Mission »Zeugen für den Frieden« in Israel und Palästina.

8. März 2004: Mitunterzeichnung des Aufrufs der französischen Widerstandskämpfer anlässlich des 60. Jahrestages der Verkündung des Programms des Nationalen Widerstandsrates.

2006: Großoffizier der Ehrenlegion.

August 2006: Aufruf gegen die israelischen Militärschläge im Libanon.

2008: Appell an die französische Regierung zur Finanzierung fester Unterkünfte für alle Obdachlosen.

2008: Verleihung des UNESCO / Bilbao-Preises für die Förderung einer Kultur der Menschenrechte.

15. März 2009: Unterstützung des französischen Wahlbündnisses *Europe Ecologie* bei der Europawahl.

17. Dezember 2009: Mitverfasser einer »Charte pour la gouvernance mondiale« zusammen mit Fernando Henrique Cardoso, Michel Rocard, Milan Kučan, Edgar Morin, René Passet, Michael W. Doyle.

2010: »Symbolischer« Kandidat von *Europe Ecologie* bei den Wahlen in der Region Ile-de-France.

Oktober 2010: Veröffentlichung von *Indigniez vous!* (Indigène éditions).

Von denselben Verfassern

Stéphane Hessel

Danse avec le siècle, Editions du Seuil, Paris 1997
– deutsche Ausgabe: *Tanz mit dem Jahrhundert*.
Aus dem Französischen von Roseli Bontjes van Beek
und Saskia Bontjes van Beek, Arche,
Zürich / Hamburg 1998

Dix pas dans le nouveau siècle, Editions du Seuil,
Paris 2003

Ô ma mémoire: la poésie, ma nécessité,
Editions du Seuil, Paris 2006
– deutsche Ausgabe: *Ô ma mémoire – Gedichte, die mir
unentbehrlich sind*. Aus dem Französischen von
Michael Kogon, Grupello, Düsseldorf 2010

Citoyen sans frontières
(zusammen mit Jean-Michel Helvig), Fayard, Paris 2008

Indignez-vous!, Indigène éditions, Montpellier 2010
– deutsche Ausgabe: *Empört euch!* Aus dem
Französischen von Michael Kogon, Ullstein, Berlin 2011

Gilles Vanderpooten

Le tour de France du développement durable,
éditions Alternatives, 2010

Die französische Originalausgabe erschien 2011
unter dem Titel *Engagez-vous!* bei Éditions de l'Aube.

Diesen Gedankenaustausch über die Zukunft haben
Stéphane Hessel und Gilles Vanderpooten zwischen
September 2009 und Januar 2011 geführt.

2. Auflage 2011

ISBN 978-3-550-08885-8